Impressum
Verlag: BABADADA GmbH, Nedderfeld 112 , 22529 Hamburg
Geschäftsführer / Verlagsleitung: Harald Hof
Druck: Books on Demand GmbH, In de Tarpen 42, 22848 Norderstedt

Imprint
Publisher: BABADADA GmbH, Nedderfeld 112 , 22529 Hamburg, Germany
Managing Director / Publishing direction: Harald Hof
Print: Books on Demand GmbH, In de Tarpen 42, 22848 Norderstedt, Germany

სკოლა

xue xiao

საკლასო ოთახი
jiao shi
გაყოფა
chu
186/2
დაფა
hei ban
სკოლის ეზო
xiao yuan
მასწავლებელი
lao shi
ქაღალდი
zhi
წერა
shu xie
კალამი
gang bi
მაგიდა
ban gong zhuo
სახაზავი
zhi chi
წიგნი
shu
მოსწავლე
xue sheng

ზურგჩანთა

shu bao

პენალი

qian bi he

ფანქარი

qian bi

ფანქრების სათლელი

juan bi dao

საშლელი

xiang pi ca

ნახატების ალბომი

hua ban

ნახატი
tu hua

ფუნჯი
hua bi

საღებავის ყუთი
yan liao he

მაკრატელი
jian dao

წებო
jiao shui

სავარჯიშო რვეული
lian xi ce

საშინაო დავალება
jia ting zuo ye

12

ნომერი
shu zi

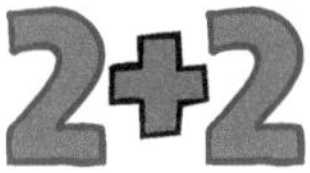

2+2

დამატება
jia

5-2

გამოკლება
jian

2×2

გამრავლება
cheng

გამოთვლა
ji suan

A

წერილი
zi mu

ABCDEFG HIJKLMN OPQRSTU VWXYZ

ანბანი
zi mu biao

hello

სიტყვა
zi

ტექსტი
ke wen

წაკითხვა
du

ცარცი
fen bi

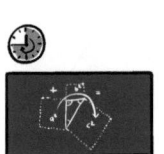

გაკვეთილი
shang ke

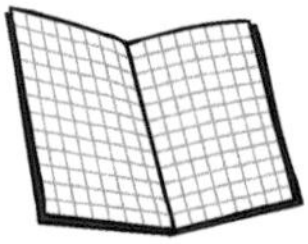

რეგისტრაცია
deng ji

გამოცდა
kao shi

სერტიფიკატი
zheng shu

სკოლის ფორმა
xiao fu

განათლება
jiao yu

ენციკლოპედია
bai ke quan shu

უნივერსიტეტი
da xue

მიკროსკოპი
xian wei jing

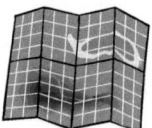

რუქა
di tu

კალათა ნარჩენი
ქაღალდებისათვის
fei zhi kuang

lü xing

სასტუმრო
jiu dian
ჰოსტელი
ვალუტის გადაცვლის პუნქტი
wai bi dui huan chu
ჩემოდანი
shou ti xiang
მანქანა
qi che

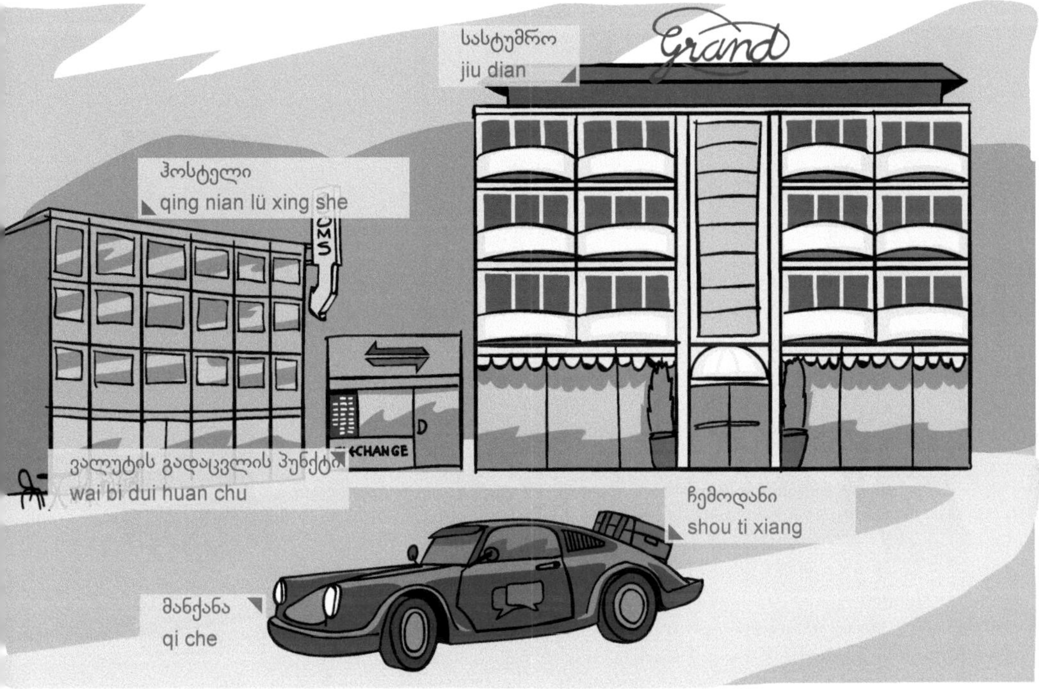

ენა

yu yan

კი / არა

shi/fou

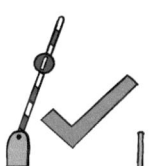

კარგი

hao de

გამარჯობა

nin hao

მთარგმნელი

fan yi yuan

გმადლობთ

xie xie

რა ღირს... ?

……duo shao qian?

ვერ გავიგე

wo bu ming bai

პრობლემა

wen ti

ალამო მშვიდობისა!

wan shang hao!

დილა მშვიდობისა!

zao shang hao!

ღამე მშვიდობისა!

wan an!

ნახვამდის

zai jian

მიმართულება

fang xiang

ბარგი

xing li

ჩანთა

bao

ზურგჩანთა

shuang jian bao

სტუმარი

ke ren

ოთახი

fang jian

საძილე ტომარა

shui dai

კარავი

zhang peng

ტურისტული ინფორმაცია

lü you xin xi

სანაპირო

hai tan

საკრედიტო ბარათი

xin yong ka

საუზმე

zao can

ლანჩი

wu can

ვახშამი

wan can

ბილეთი

piao

ლიფტი

dian ti

საფოსტო მარკა

you piao

საზღვარი

bian jie

საბაჟო

hai guan

საელჩო

da shi guan

ვიზა

qian zheng

პასპორტი

hu zhao

ტრანსპორტი

jiao tong yun shu

თვითმფრინავი
fei ji
გემი
chuan
სახანძრო მანქანა
xiao fang che
ავტობუსი
სატვირთო მანქანა
ka che
მოტორიზებული ნავი
qi ting
ველოსიპედი
zi xing che
მანქანა
qi che

ბორანი

bai du chuan

ნავი

xiao chuan

მოტოციკლი

mo tuo che

პოლიციის მანქანა

jing che

სარბოლო მანქანა

sai che

დაქირავებული მანქანა

zu che

მანქანის ერთობლივი მოხმარება

pin che

საბუქსირე მანქანა

tuo che

ნაგვის მანქანა

la ji che

ძრავა

fa dong ji

საწვავი

qi you

ბენზინგასამართი სადგური

jia you zhan

საგზაო ნიშანი

jiao tong biao zhi

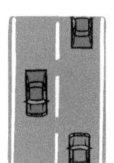

მოძრაობა

jiao tong

საცობი

jiao tong du sai

მანქანის სადგომი

ting che chang

მატარებლის სადგური

huo che zhan

ლიანდაგები

gui dao

მატარებელი

huo che

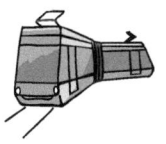

ტრამვაი

dian che

ვაგონი

huo che

ვერტმფრენი

zhi sheng ji

აეროპორტი

ji chang

კოშკი

ta

მგზავრი

cheng ke

კონტეინერი

ji zhuang xiang

მუყაოს ყუთი

zhi ban xiang

ურიკა

shou tui che

კალათა

lan zi

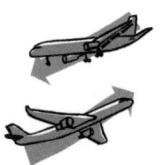

აფრენა / დაშვება

qi fei/jiang luo

ქალაქი
cheng shi

სოფელი

cun zhuang

ქალაქის ცენტრი

shi zhong xin

სახლი

fang zi

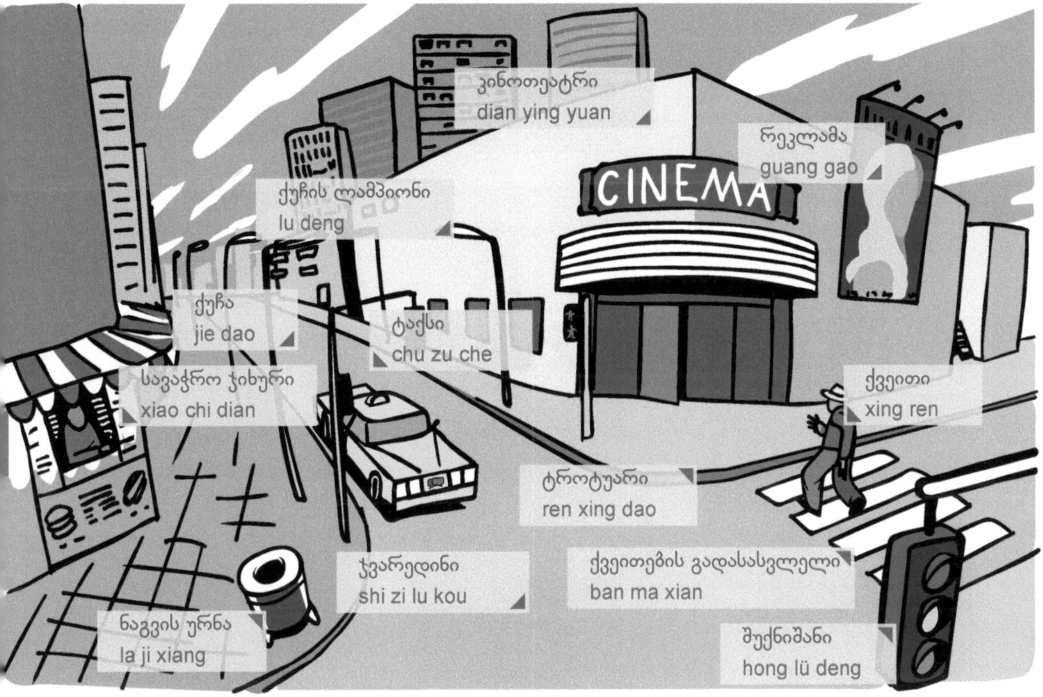

კინოთეატრი
dian ying yuan
რეკლამა
guang gao
ქუჩის ლამპიონი
lu deng
ქუჩა
jie dao
ტაქსი
chu zu che
სავაჭრო ჯიხური
xiao chi dian
ქვეითი
xing ren
ტროტუარი
ren xing dao
ჯვარედინი
shi zi lu kou
ქვეითების გადასასვლელი
ban ma xian
ნაგვის ურნა
la ji xiang
შუქნიშანი
hong lü deng

ქოხი

xiao wu

ბინა

gong yu

მატარებლის სადგური

huo che zhan

მუნიციპალიტეტი

shi zheng ting

მუზეუმი

bo wu guan

სკოლა

xue xiao

უნივერსიტეტი

da xue

ბანკი

yin hang

საავადმყოფო

yi yuan

სასტუმრო

jiu dian

აფთიაქი

yao fang

ოფისი

ban gong shi

წიგნების მაღაზია

shu dian

მაღაზია

shang dian

ფლორისტი

hua dian

სუპერმარკეტი

chao shi

ბაზარი

shi chang

მაღაზიის განყოფილება

bai huo shang dian

თევზის გამყიდველი

yu dian

სავაჭრო ცენტრი

gou wu zhong xin

ნავსადგომი

hai gang

პარკი

gong yuan

გრძელი სკამი

chang deng

ხიდი

qiao

კიბეები

lou ti

მიწისქვეშა გადასასვლელი

di tie

გვირაბი

sui dao

ავტობუსის გაჩერება

gong jiao che zhan

ბარი

jiu ba

რესტორანი

can guan

საფოსტო ყუთი

you tong

ქუჩის ნიშანი

lu biao

პარკინგის საზომი

ting che ji shi qi

ზოოპარკი

dong wu yuan

საცურაო აუზი

you yong guan

მეჩეთი

qing zhen si

ფერმა

nong chang

გარემოს დაბინძურება

wu ran

სასაფლაო

mu di

ეკლესია

jiao tang

საბავშვო მოედანი

cao chang

ტაძარი

si miao

ლანდშაფტი

di xing

ფოთოლი
shu ye
გზის მანიშნებელი ნიშანი
zhi shi pai
გზა
lu
მდელო
cao di
ქვა
shi tou
მოგზაური
tu bu lü xing zhe
ხე
shu
მდინარე
he
ბალახი
cao
ყვავილი
hua

ხეობა
xia gu

გორაკი
shan

ტბა
hu

ტყე
sen lin

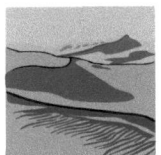

უდაბნო
sha mo

ვულკანი
huo shan

ციხე
cheng bao

ცისარტყელა
cai hong

სოკო
mo gu

პალმა
zong lü shu

კოღო
wen zi

ბუზი
cang ying

ჭიანჭველა
ma yi

ფუტკარი
mi feng

ობობა
zhi zhu

ხოჭო

jia chong

ბაყაყი

qing wa

ციყვი

song shu

ზღარბი

ci wei

კურდღელი

ye tu

ბუ

mao tou ying

ფრინველი

niao

გედი

tian e

ტახი

ye zhu

ირემი

lu

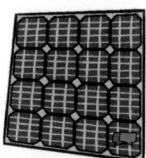

ცხენ-ირემი

mi lu

კაშხალი

shui ba

ქარის ტურბინა

feng li fa dian ji

მზის ბატარეა

tai yang neng dian chi ban

კლიმატი

qi hou

რესტორანი

can guan

მიმტანი
fu wu yuan
მენიუ
cai dan
სკამი
yi zi
სუპი
tang
პიცა
pi sa bing
დანა-ჩანგალი
მაგიდაზე გადასაფარებელი
zhuo bu

საუზმე

qian cai

მთავარი კერძი

zhu cai

დესერტი

tian dian

დასალევი

yin liao

საჭმელი

shi wu

ბოთლი

ping zi

სწრაფი კვება

kuai can

ქუჩის საჭმელი

jie bian xiao chi

ჩაიდანი

cha hu

საშაქრე

tang he

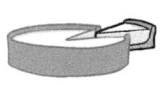

პორცია

yi fen fan cai

ესპრესოს მანქანა

yi shi ka fei ji

მაღალი სკამი

gao jiao yi

ანგარიში

zhang dan

ლანგარი

tuo pan

დანა

dao

ჩანგალი

can cha

კოვზი

shao zi

ჩაის კოვზი

cha chi

ხელსახოცი

can jin

ჭიქა

bo li bei

თეფში
die zi

სუპის თეფში
tang pan

ჩაის ლამბაქი
die zi

საწებელი
jiang

სამარილე
yan ping

წიწაკის საფქვავი
hu jiao mo

ძმარი
cu

ზეთი
shi yong you

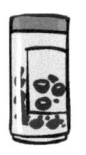

სანელებლები
tiao wei liao

კეტჩუპი
fan qie jiang

მდოგვი
jie mo

მაიონეზი
dan huang jiang

სუპერმარკეტი

chao shi

სპეციალური შეთავაზება
te jia
FOR
მომხმარებელი
gu ke
რძის ნაწარმი
ru zhi pin
ხილი
shui guo
ურიკა
gou wu che

საყასბო
rou pu

საცხობი
mian bao fang

აწონვა
cheng zhong

ბოსტნეული
shu cai

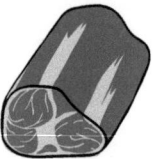

ხორცი
rou

გაყინული საკვები
leng dong shi pin

გრილი ხორცი
leng pan

კონსერვები
guan tou shi pin

სარეცხი ფხვნილი
xi yi fen

ტკბილეული
tian shi

საყოფაცხოვრებო
პროდუქტები
ri yong pin

სარეცხი საშუალებები
qing jie yong pin

გამყიდველი
xiao shou yuan

სალარო
shou yin ji

მოლარე
shou yin yuan

საყიდლების სია
gou wu qing dan

მუშაობის საათები
kai fang shi jian

პორტმანი
qian bao

საკრედიტო ბარათი
xin yong ka

ჩანთა
dai zi

პლასტიკური პარკი
su liao dai

წყალი

shui

წვენი

guo zhi

რძე

niu nai

კოკა-კოლა

ke le

ღვინო

hong jiu

ლუდი

pi jiu

ალკოჰოლი

jiu

კაკაო

ke ke

ჩაი

cha

ყავა

ka fei

ესპრესო

yi shi nong suo ka fei

კაპუჩინო

ka bu qi nuo

ბანანი

xiang jiao

ვაშლი

ping guo

ფორთოხალი

cheng zi

საზამთრო

xi gua

ლიმონი

ning meng

სტაფილო

hu luo bo

ნიორი

da suan

ბამბუკი

zhu zi

ხახვი

yang cong

სოკო

mo gu

კაკალი

jian guo

ატრია

mian tiao

სპაგეტი
yi da li mian tiao

ბრინჯი
mi fan

სალათი
sha la

ჩიპსები
shu tiao

შემწვარი კარტოფილი
zha tu dou

პიცა
pi sa bing

ჰამბურგერი
han bao bao

სენდვიჩი
san ming zhi

კოტლეტი
zha zhu pai

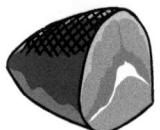

ლორი
huo tui

სალიამი
sa la mi

ძეხვი
xiang chang

წიწილა
ji rou

შემწვარი ხორცი
kao rou

თევზი
yu

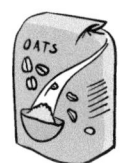

შვრიის ფაფა
yan mai pian

მუსლი
mu zi li

სიმინდის ფანტელები
yu mi pian

ფქვილი
mian fen

კრუასანი
yang jiao mian bao

ბულკი
mian bao juan

პური
mian bao

ტოსტი
kao mian bao

ნამცხვრები
bing gan

კარაქი
huang you

ხაჭო
ning ru

ტორტი
dan gao

კვერცხი
dan

ერბო-კვერცხი
jian dan

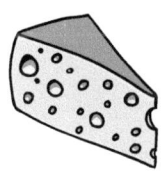

ყველი
nai lao

ნაყინი
bing ji lin

შაქარი
tang

თაფლი
feng mi

ჯემი
guo jiang

შოკოლადის კრემი
qiao ke li jiang

კარი
ga li fan

ფერმა
nong chang

თავლა
liang cang
ჩალის შეკვრა
dao cao kun
ყანა
tian ye
ცხენი
ma
მისაბმელი
tuo che
ტრაქტორი
tuo la ji
კვიცი
ma ju
ვირი
lü
ცხვარი
yang
ცხვარი
gao yang

თხა

shan yang

ძროხა

nai niu

ხბო

niu du

ღორი

zhu

გოჭი

xiao zhu

ხარი

gong niu

ბატი
e

იხვი
ya

წიწილა
xiao ji

ქათამი
mu ji

მამალი
gong ji

ვირთხა
shu

კატა
mao

თაგვი
lao shu

ხარი
niu

ძაღლი
gou

საძაღლე
gou wu

ბაღის შლანგი
hua yuan jiao shui ruan
guan

საბაღე წურწურა
sa shui hu

ცელი
chang bing da lian dao

გუთანი
li

ფერმა - nong chang

ნამგალი

lian dao

თოხი

chu tou

პატივის სახვეტი ჩანგალი

chang bing cao pa

ცული

fu tou

მაზიდი

du lun shou tui che

გობი

si liao cao

რძის ბიდონი

niu nai guan

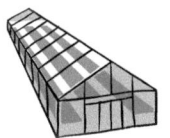

ტომარა

ma bu dai

ღობე

zha lan

ბოსელი

ma jiu

სათბური

wen shi

ნიადაგი

tu rang

თესლი

zhong zi

სასუქი

fei liao

მოსავლის ამღები კომბაინი

lian he shou ge ji

მოსავლის აღება

shou ge

მოსავალი

shou ge

იამი

shan yao

ხორბალი

xiao mai

სოიო

da dou

კარტოფილი

tu dou

სიმინდი

yu mi

სარეველას თესლი

you cai zi

ხეხილი

guo shu

მანიოკი

shu shu

მარცვლეული

gu wu

სახლი

fang zi

ბუხარი
yan cong
სახურავი
wu ding
წყალსადინარი მილი
luo shui guan
ფანჯარა
chuang hu
ავტოფარეხი
che ku
კარის ზარი
men ling
კარი
men
ნაგვის ყუთი
la ji tong
საფოსტო ყუთი
xin xiang
ბაღი
hua yuan

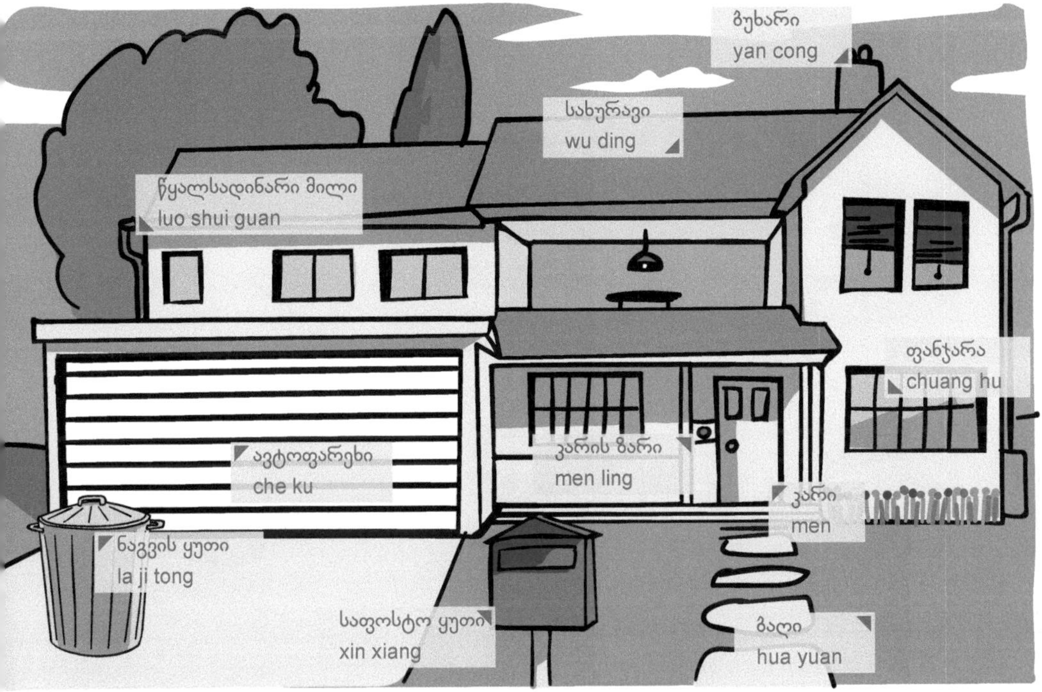

მისაღები ოთახი

ke ting

აბაზანა

yu shi

სამზარეულო

chu fang

საძინებელი

wo shi

საბავშვო ოთახი

er tong fang

სასადილო ოთახი

can ting

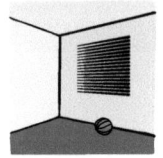

სართული

di ban

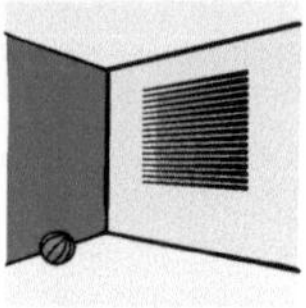

კედელი

qiang bi

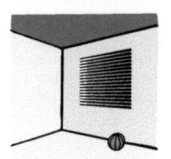

ჭერი

diao ding

სარდაფი

di jiao

საუნა

sang na

აივანი

yang tai

ტერასა

lu tai

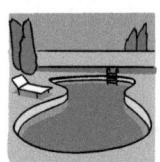

აუზი

you yong chi

გაზონის საკრეჭი

ge cao ji

საბნის კონვერტი

bei dan

საწოლი

chuang zhao

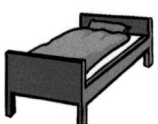

ლოგინი

chuang

ცოცხი

sao zhou

სათლი

shui tong

გადამრთველი

kai guan

მისაღები ოთახი
ke ting

შპალერი
bi zhi
ნახატი
zhao pian
ნათურა
tai deng
თარო
ge jia
კარადა
chu gui
ტელევიზორი
dian shi ji
ბუხარი
bi lu
ყვავილი
hua
ბალიში
dian zi
დივანი
sha fa
ვაზა
hua ping
დისტანციური მართვა
yao kong qi

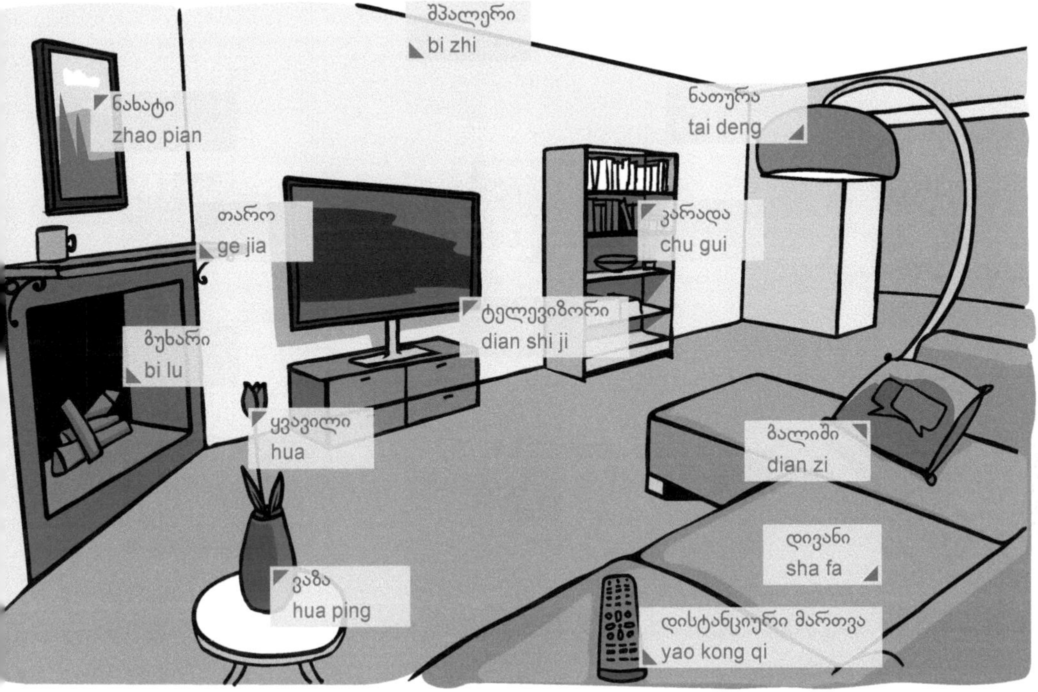

ხალიჩა
....
di tan

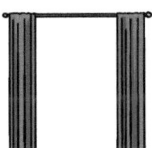

ფარდა
....
chuang lian

მაგიდა
....
can zhuo

სკამი
....
yi zi

სარწეველა სკამი
....
yao yi

სავარძელი
....
fu shou yi

წიგნი

shu

საბანი

tan zi

დეკორაცია

zhuang shi pin

შეშა

mu chai

ფილმი

dian ying

hi-fi მოწყობილობები

gao bao zhen yin xiang

გასაღები

yao shi

გაზეთი

bao zhi

ფერწერა

you hua

პლაკატი

hai bao

რადიო

shou yin ji

ბლოკნოტი

bi ji ben

მტვერსასრუტი

xi chen qi

კაქტუსი

xian ren zhang

სანთელი

la zhu

სამზარეულო
chu fang

მაცივარი
bing xiang
მიკრო-ტალღური ღუმელი
wei bo lu
სამზარეულოს სასწორი
ტოსტერი
kao mian bao ji
სარეცხი საშუალება
xi jie jing
ღუმელი
kao xiang
საყინულე
bing gui
ნაგვის ყუთი
la ji tong
ჭურჭლის სარეცხი მანქანა
xi wan ji

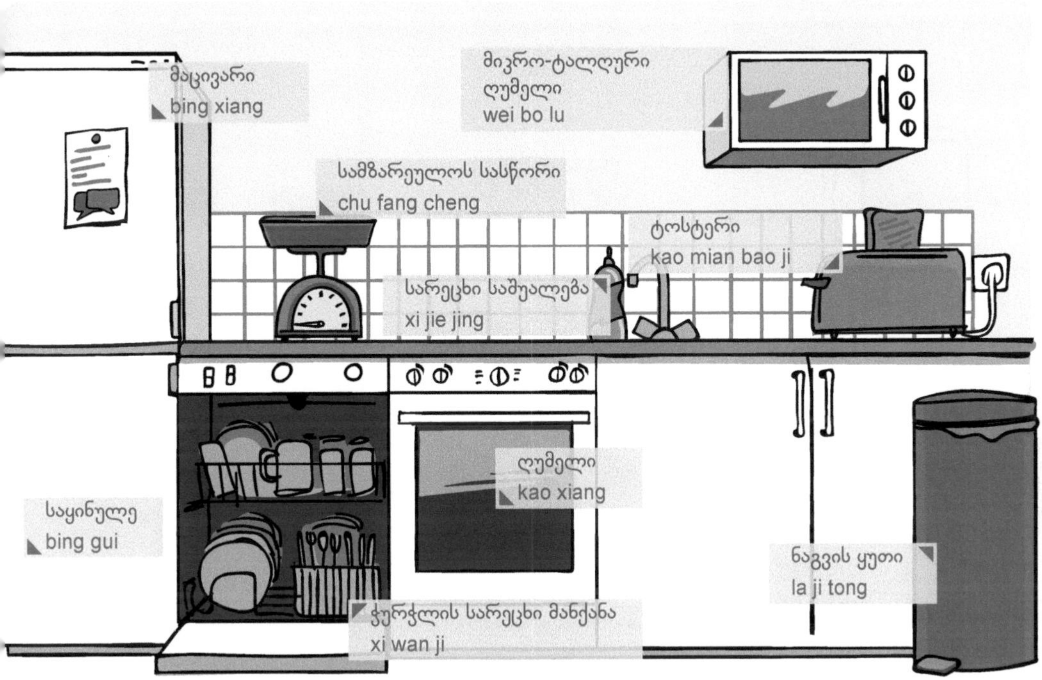

გაზქურა

chui ju

ქოთანი

guo

თუჯის ქვაბი

zhu tie guo

ტაფა ამოზერილი ფსკერით

sha guo

ტაფა

ping di guo

ჩაიდანი

shui hu

სამზარეულო - chu fang 35

ორთქლსახარში

zheng guo

საცხობი ლანგარი

kao pan

ჭურჭელი

tao ci guo

კათხა

ma ke bei

თასი

wan

ჩინური ჩხირები

kuai zi

ჩამჩა

chang bing shao

ფითხი

chan zi

სათქვეფელა

jiao ban qi

საწური

lü wang

საცერი

shai zi

სახეხი

mo sui ji

სანაყი

yan bo

გრილი

shao kao

კოცონი

ming huo

დაფა
cai ban

საგორავი
gan mian zhang

ბურღი
kai ping qi

ქილა
guan zi

ქილის გასახსნელი
kai ping qi

ქოთნის დამჭერი
ge re shou tao

ნიჟარა
shui cao

ფუნჯი
shua zi

ღრუბელი
hai mian

ბლენდერი
jiao ban ji

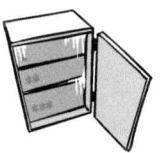
საყინულე კამერა
leng cang xiang

საბავშვო ბოთლი
nai ping

ონკანი
shui long tou

აბაზანა

yu shi

გათბობა
gong nuan she bei
შხაპი
პირსახოცი
mao jin
საშხაპე ფარდა
yu lian
ღრუბლიანი აბანო
pao mo yu
ვანა
yu gang
ჭიქა
bo li bei
სარეცხი მანქანა
xi yi ji
ონკანი
shui long tou
ფილები
ci zhuan
ღამის ქოთანი
bian hu
ნიჟარა
shui cao

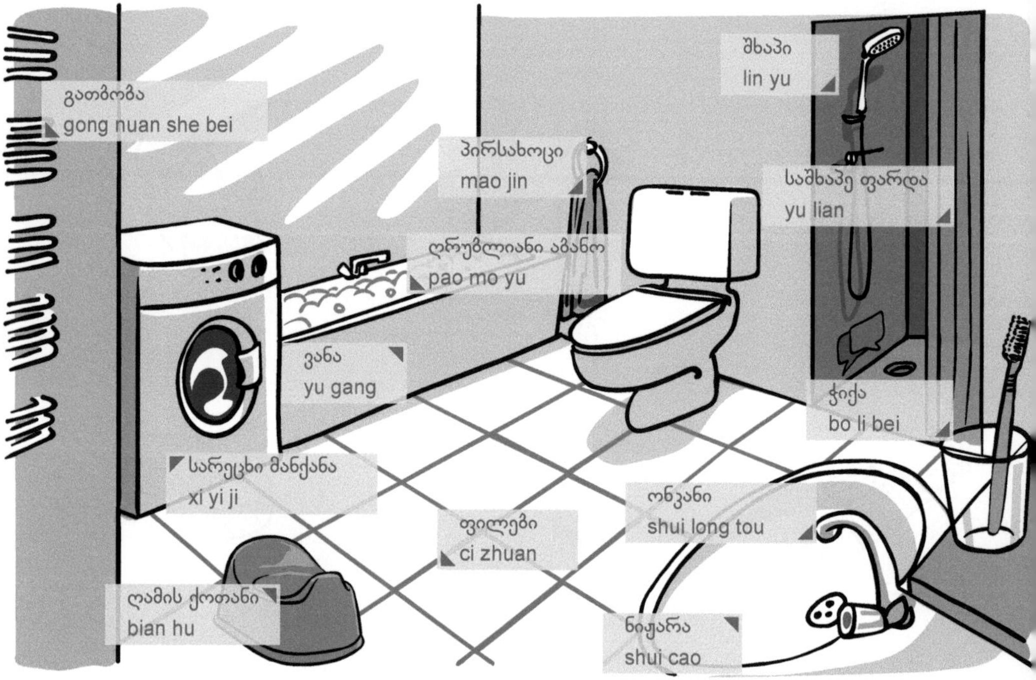

ტუალეტი
ce suo

იატაკის ტუალეტი
dun bian qi

ბიდე
zuo yu qi

კედლის პისუარი
xiao bian chi

ტუალეტის ქაღალდი
ce zhi

ტუალეტის ჯაგრისი
ma tong shua

კბილის ჯაგრისი
ya shua

კბილის პასტა
ya gao

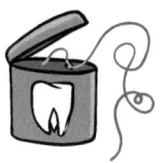

კბილის ძაფი
ya xian

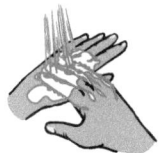

რეცხვა
xi

ხელის შხაპი
shou chi shi pen lin tou

ინტიმური შხაპი
chong xi qi

ტაშტი
xi lian pen

ზურგის სახეხი ფუნჯი
ca bei shua

საპონი
fei zao

შხაპის გელი
mu yu lu

შამპუნი
xi fa shui

ნეჭა
fa lan rong

სანიაღვრე
pai shui

კრემი
ru shuang

დეოდორანტი
chu chou ji

სარკე

jing zi

ხელის სარკე

shou jing

ბრიტვა

ti xu dao

საპარსი ქაფი

ti xu pao mo

საშუალება გაპარსვის შემდეგ

xu hou shui

სავარცხელი

shu zi

ჯაგრისი

shua zi

თმის საშრობი

chui feng ji

თმის ლაქი

pen fa ding xing ji

კოსმეტიკა

hua zhuang pin

ტუჩების პომადა

chun gao

ფრჩხილის ლაქი

zhi jia you

ბამბა

hua zhuang mian

ფრჩხილის მაკრატელი

zhi jia jian

სუნამო

xiang shui

კოსმეტიკის ჩანთა
xi shu bao

ტაბურეტი
deng zi

სასწორი
ji zhong cheng

საბაზანო ხალათი
yu pao

რეზინის ხელთათმანები
xiang jiao shou tao

ტამპონი
wei sheng mian tiao

სანიტარული პირსახოცი
wei sheng jin

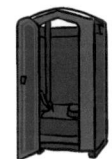

ბიო-ტუალეტი
hua xue ce suo

საბავშვო ოთახი

er tong fang

მაღვიძარა
nao zhong
რბილი სათამაშო
mao rong wan ju
სათამაშო მანქანა
wan ju che
ჩხარუნა სათამაშო
bo lang gu
თოჯინების სახლი
wan ju wu
საჩუქარი
li wu

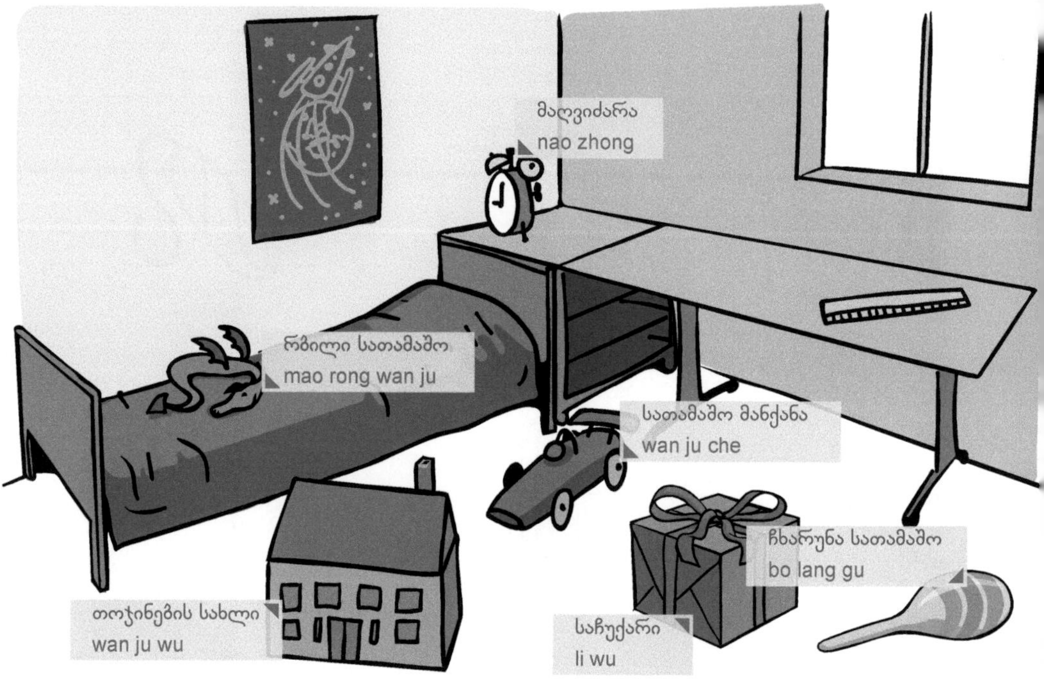

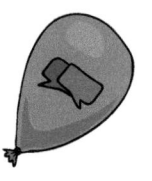

ბუშტი

qi qiu

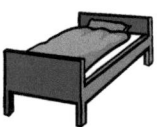

ლოგინი

chuang

საბავშვო ეტლი

(yang wa wa yong)ying er che

კარტის თამაში

pu ke pai

პაზლი

pin tu

კომიკსი

man hua

ლეგოს აგურები

le gao ji mu

ასაშენებელი კუბიკები

ji mu wan ju

სათამაშო ფიგურა

wan ju ren

საცოცავი

ying er fu

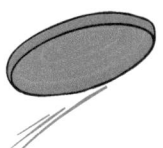

ფრისბი

fei pan

მობილე

chuang ling wan ju

სამაგიდო თამაში

qi pan you xi

კამათელი

shai zi

რკინიგზის მოდელი

huo che mo xing

საწოვარა

an fu nai zui

წვეულება

ju hui

წიგნი ნახატებით

hui ben

ბურთი

qiu

თოჯინა

yang wa wa

თამაში

wan

საქვიშარი

sha keng

საქანელა

qiu qian

სათამაშოები

wan ju

ვიდეო თამაშის კონსოლი

you xi ji

სამთვლიანი ველოსიპედი

san lun che

დათუნია

tai di xiong

გარდეროში

yi chu

ტანსაცმელი

yi fu

წინდები

wa zi

ჩულქები

chang wa

კოლგოტები

jin shen ku

შარფი
wei jin

ქოლგა
yu san

ქამარი
pi dai

მკლავებიანი მაისური
T xu

ბოტასები
yun dong xie

ფეხსაცმელი
xue zi

ჩუსტები
tuo xie

სანდლები
liang xie

ფეხსაცმელი
xie

რეზინის ჩექმები
yu xue

ტრუსები
nei ku

ბიუსჰალტერი
xiong zhao

მაისური
bei xin

სხეული

shen ti

შარვალი

ku zi

ჯინსი

niu zai ku

ქვედაკაბა

duan qun

ბლუზი

nü shi chen shan

პერანგი

chen shan

სვიტრი

tao tou shan

კაპიუშონიანი ჟაკეტი

wei yi

სპორტული ქურთუკი

xi zhuang jia ke

ჟაკეტი

jia ke

პალტო

wai tao

საწვიმარი

yu yi

კოსტუმი

tao zhuang

კაბა

lian yi qun

საქორწილო კაბა

hun sha

კაცის კოსტიუმი

xi zhuang

ღამის პერანგი

shui pao

პიჟამოები

shui yi

სარი

sha li

თავშალი

tou jin

ტურბანი

bao tou jin

ჩადრი

bo ka

ხიფთანი

ka fu tan

აბაია

(a la bo shi)chang pao

საცურაო კოსტუმი

yong yi

ჩემოდნები

nan shi yong ku

შორტები

duan ku

სპორტული კოსტიუმი

yun dong fu

წინსაფარი

wei qun

ხელთათმანები

shou tao

ღილი
niu kou

სათვალეები
yan jing

სამაჯური
shou lian

ყელსაბამი
xiang lian

ბეჭედი
jie zhi

საყურე
er huan

კეპი
bian mao

საკიდი
yi jia

ქუდი
mao zi

ჰალსტუხი
ling dai

ელვა-შესაკრავის შეკვრა
la lian

ჩაფხუტი
tou kui

აჭიმი
bei dai

სკოლის ფორმა
xiao fu

ფორმა
zhi fu

48   ტანსაცმელი - yi fu

ბავშვის წინსაფარი

wei dou

საწოვარა

an fu nai zui

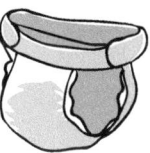

პამპერსი

niao bu shi

ოფისი

ban gong shi

სერვერი
fu wu qi
საკანცელარიო კარადა
wen jian gui
პრინტერი
da yin ji
მონიტორი
xian shi ping
ქაღალდი
zhi
მაგიდა
ban gong zhuo
თაგვი
shu biao
საქაღალდე
wen jian jia
კლავიატურა
jian pan
ალათა ნარჩენი ქაღალდებისათვის
i zhi kuang
სკამი
yi zi
კომპიუტერი
dian nao

ყავის ფინჯანი

ka fei bei

კალკულატორი

ji suan qi

ინტერნეტი

yin te wang

ლეპტოპი

bi ji ben dian nao

წერილი

xin jian

მესიჯი

xiao xi

მობილური ტელეფონი

shou ji

ქსელი

wang luo

სკანერი

fu yin ji

პროგრამული
უზრუნველყოფა
ruan jian

ტელეფონი

dian hua

როზეტი

cha zuo

ფაქსის მანქანა

chuan zhen ji

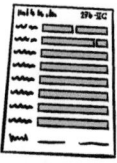

ფორმულარი

biao ge

დოკუმენტი

wen jian

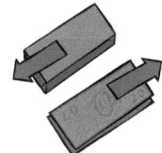

ყიდვა

mai

გადახდა

fu qian

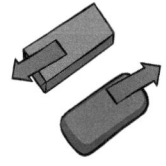

ვაჭრობა

jiao yi

ფული

xian jin

დოლარი

mei yuan

ევრო

ou yuan

იენი

ri yuan

რუბლი

lu bu

შვეიცარული ფრანკი

rui shi fa lang

ჟენმინბი იუანი

ren min bi

რუპი

lu bi

ბანკომატი

ti kuan chu

ვალუტის გადაცვლის
პუნქტი
wai bi dui huan chu

ოქრო
jin

ვერცხლი
yin

ნავთობი
shi you

ენერგია
neng yuan

ფასი
jia ge

ხელშეკრულება
he tong

გადასახადი
shui jin

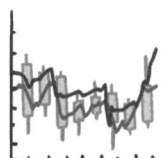

აქცია
gu piao

მუშაობა
gong zuo

თანამშრომელი
zhi yuan

დამსაქმებელი
lao ban

ქარხანა
gong chang

მაღაზია
shang dian

პროფესიები
zhi ye

პოლიციის ოფიცერი
jing guan
მეხანძრე
xiao fang yuan
მზარეული
chu shi
ექიმი
yi sheng
მფრინავი
fei xing yuan

მებაღე

yuan ding

დურგალი

mu jiang

თეთრეულის მკერავი ქალბატონი

cai feng

მოსამართლე

fa guan

ქიმიკოსი

hua xue jia

მსახიობი

yan yuan

ავტობუსის მძღოლი

gong jiao che si ji

ტაქსის მძღოლი

chu zu che si ji

მეთევზე

yu fu

დამლაგებელი ქალბატონი

qing jie nü gong

სახურავის ოსტატი

wu ding gong

მიმტანი

fu wu yuan

მონადირე

lie ren

ფერმწერი

hua jia

მცხობელი

mian bao shi

ელექტრიკოსი

dian gong

მშენებელი

jian zhu gong ren

ინჟინერი

gong cheng shi

ყასაბი

tu fu

სანტექნიკოსი

shui guan gong

ფოსტალიონი

you di yuan

ჯარისკაცი

shi bing

არქიტექტორი

jian zhu shi

მოლარე

shou yin yuan

ფლორისტი

hua nong

პარიკმახერი

li fa shi

კონდუქტორი

shou piao yuan

მექანიკოსი

ji xie shi

კაპიტანი

chuan zhang

სტომატოლოგი

ya yi

მეცნიერი

ke xue jia

რაბინი

la bi

იმამი

yi ma mu

ბერი

he shang

სასულიერო პირი

mu shi

იარაღები

gong ju

ჩაქუჩი
tie chui
გრტყელტუჩა
qian zi
სახრახნისი
luo si dao
ქანჩის გასაღები
ban shou
ჯიბის სანათი
shou dian tong

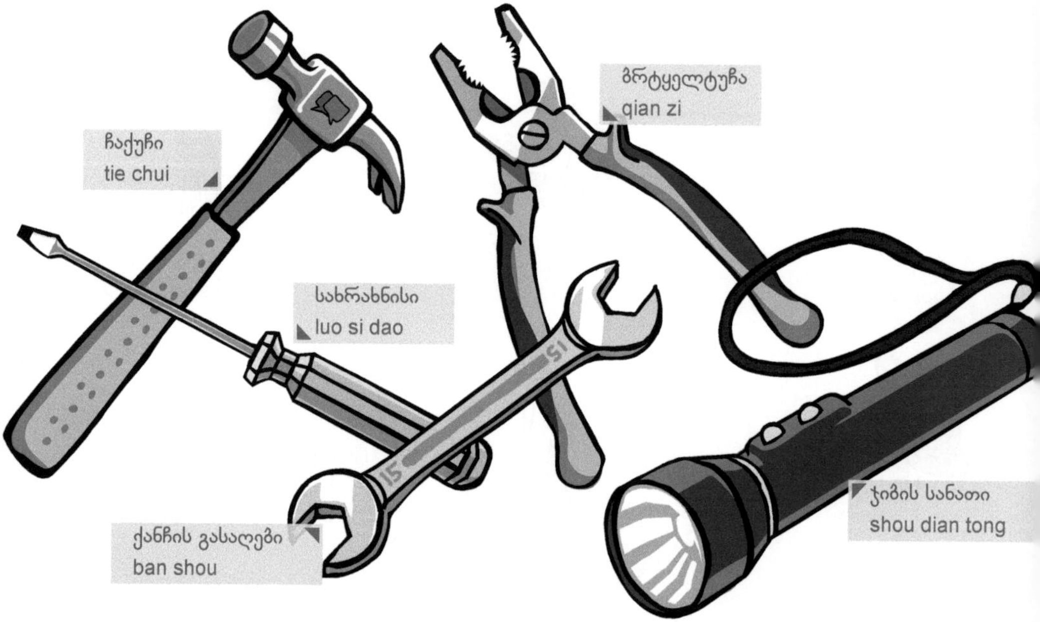

ექსკავატორი

wa jue ji

იარაღების ყუთი

gong ju xiang

კიბე

ti zi

ხერხი

ju zi

ლურსმები

ding zi

საბურღი

zuan ji

შეკეთება

xiu

ნიჩაბი

chan zi

ანდაბა!

kao!

აქანდაზი

bo ji

საღებავის ქოთანი

you qi tong

ხრახნები

luo si

მუსიკალური ინსტრუმენტები

yue qi

რეპროდუქტორი
yang sheng qi
დასარტყამი ინსტრუმენტების კრებული
da ji yue qi
გიტარა
ji ta
კონტრაბასი
di yin ti qin
საყვირი
xiao hao

მუსიკალური ინსტრუმენტები - yue qi 57

ფორტეპიანო
....
gang qin

ვიოლინო
....
xiao ti qin

ბასი
....
bei si

ტიმპანონი
....
ding yin gu

დასარტყამები
....
gu

კლავიშები
....
dian zi qin

საქსოფონი
....
sa ke si guan

ფლეიტა
....
chang di

მიკროფონი
....
mai ke feng

ზოოპარკი

dong wu yuan

ვეფხვი
lao hu
შესასვლელი
ru kou
გალია
long zi
ზებრა
ban ma
ცხოველთა საკვები
dong wu si liao
პანდა
xiong mao

ცხოველები

dong wu

სპილო

da xiang

კენგურუ

dai shu

მარტორქა

xi niu

გორილა

da xing xing

დათვი

xiong

აქლემი

luo tuo

სირაქლემა

tuo niao

ლომი

shi zi

მაიმუნი

hou zi

ფლამინგო

huo lie niao

თუთიყუში

ying wu

პოლარული დათვი

bei ji xiong

პინგვინი

qi e

ზვიგენი

sha yu

ფარშევანგი

kong que

გველი

she

ნიანგი

e yu

ზოოპარკის მფლობელი

dong wu yuan guan li yuan

სელაპი

hai bao

იაგუარი

mei zhou bao

პონი

ai zhong ma

ლეოპარდი

bao

ბეჰემოტი

he ma

ჟირაფი

chang jing lu

არწივი

lao ying

ტახი

ye zhu

თევზი

yu

კუ

gui

მორჟი

hai xiang

მელა

hu li

გაზელი

ling yang

სპორტი

ti yu

ამერიკული ფეხბურთი
gan lan qiu
ველოსპორტი
qi zi xing che
ჩოგბურთი
wang qiu
კალათბურთი
lan qiu
ცურვა
you yong
ყინულის ჰოკეი
bing qiu
კრივი
quan ji

ფეხბურთი

ying shi zu qiu

ბადმინტონი

yu mao qiu

მძლეოსნობა

tian jing

ხელბურთი

shou qiu

სათხილამურო სპორტი

hua xue

წყლის პოლო

ma qiu

სპორტი - ti yu

გადახტომა
tiao
ჩახუტება
yong bao
დაცინვა
xiao
სეირნობა
zou lu
სიმღერა
chang
ოცნებობა
zuo meng
ლოცვა
qi dao
კოცნა
qin wen

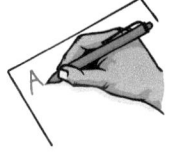

წერა

shu xie

დახატვა

hua

ჩვენება

zhan shi

დაჭერა

tui

მიცემა

gei

აღება

na

ქონა

you

კეთება

zuo

ყოფნა

dang

დგომა

zhan

გარბენა

pao

მოქაჩვა

la

გადაყრა

reng

დაცემა

shuai dao

ტყუილის თქმა

tang

მოცდენა

deng dai

ტარება

xie dai

ჯდომა

zuo

ჩაცმა

chuan yi

ძილი

shui jiao

გაღვიძება

xing lai

დათვალიერება

kan

ტირილი

ku

გაუთოება

fu mo

დავარცხნა

shu tou

ლაპარაკი

jiao tan

გაგება

ming bai

შეკითხვა

wen

მოსმენა

ting

დალევა

he

ჭამა

chi

დალაგება

qing li

ყვარება

ai

კერძების მზადება

zuo fan

სვლა

kai che

ფრენა

fei

აფრის ქვეშ სიარული

hang xing

გამოთვლა

ji suan

წაკითხვა

du

შესწავლა

xue xi

მუშაობა

gong zuo

ქორწინება

jie hun

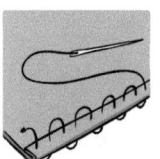

კერვა

feng

კბილების ხეხვა

shua ya

მოკვლა

sha

მოწევა

chou yan

გაგზავნა

ji

ბებია
zu mu

ბაბუა
zu fu

მამა
fu qin

დედა
mu qin

ბავშვი
ying tong

ქალიშვილი
nü er

ვაჟიშვილი
er zi

სტუმარი
ke ren

დეიდა
a yi

ბიძა
shu shu

ძმა
xiong di

და
jie mei

სხეული

shen ti

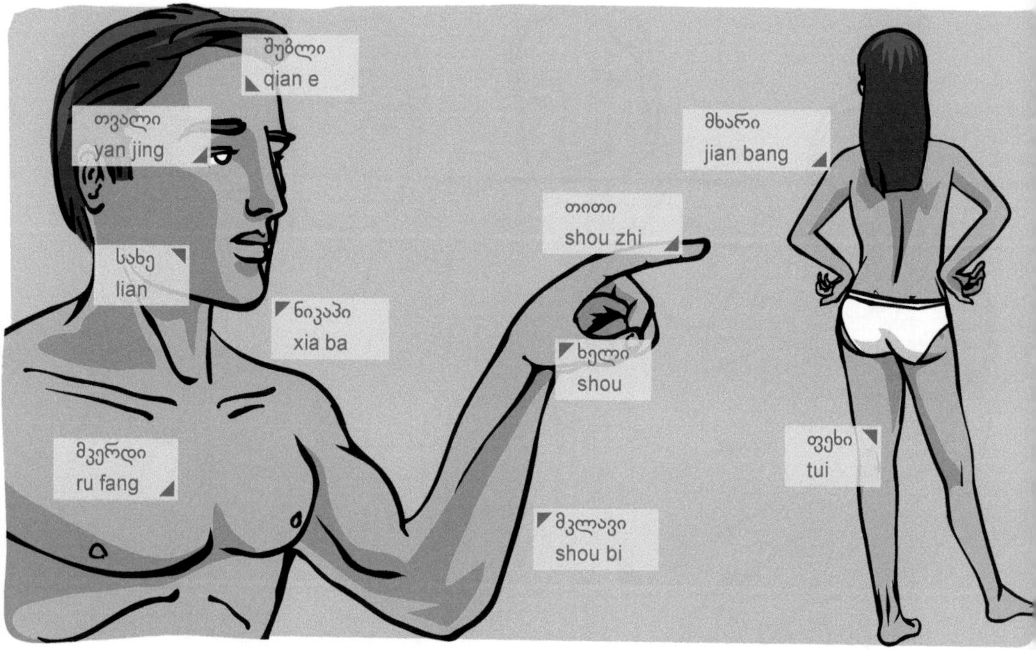

შუბლი
qian e
თვალი
yan jing
სახე
lian
ნიკაპი
xia ba
მკერდი
ru fang
მხარი
jian bang
თითი
shou zhi
ხელი
shou
მკლავი
shou bi
ფეხი
tui

ბავშვი
ying tong

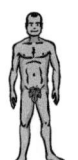

კაცი
nan ren

ქალი
nü ren

გოგო
nü hai

ბიჭი
nan hai

თავი
tou

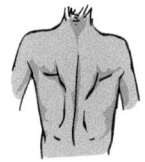

ზურგი

....

bei bu

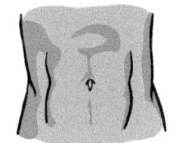

მუცელი

....

du zi

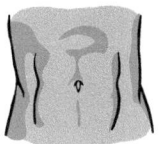

ჭიპი

....

du qi

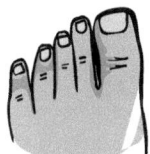

ფეხის თითი

....

jiao zhi

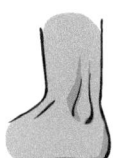

ქუსლი

....

jiao hou gen

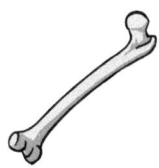

ძვალი

....

gu tou

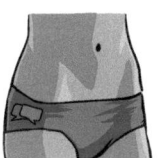

ბარძაყი

....

tun bu

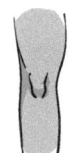

მუხლი

....

xi gai

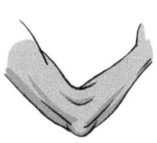

იდაყვი

....

shou zhou

ცხვირი

....

bi zi

დუნდულა

....

pi gu

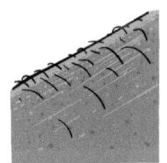

კანი

....

pi fu

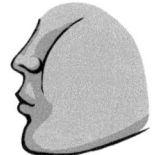

ლოყა

....

lian jia

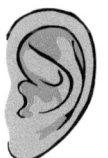

ყური

....

er duo

ტუჩი

....

zui chun

პირი

zui

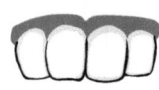

კბილი

ya chi

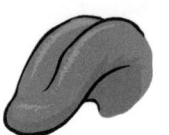

ენა

she tou

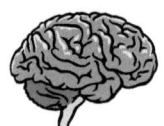

ტვინი

nao

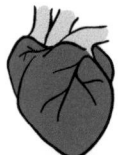

გული

xin zang

კუნთი

ji rou

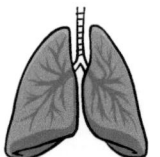

ფილტვი

fei

ღვიძლი

gan zang

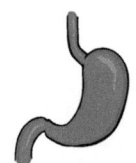

კუჭი

wei

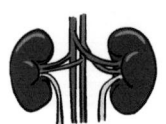

თირკმელები

shen zang

სექსი

xing jiao

პრეზერვატივი

bi yun tao

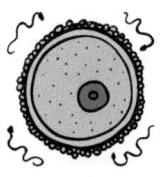

კვერცხუჯრედი

luan zi

სპერმა

jing zi

ორსულობა

huai yun

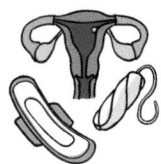

მენსტრუაცია

yue jing

საშო

yin dao

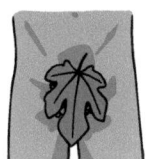

პენისი

yin jing

წარბი

mei mao

თმა

tou fa

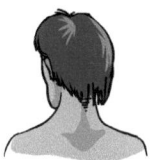

კისერი

bo zi

საავადმყოფო

yi yuan

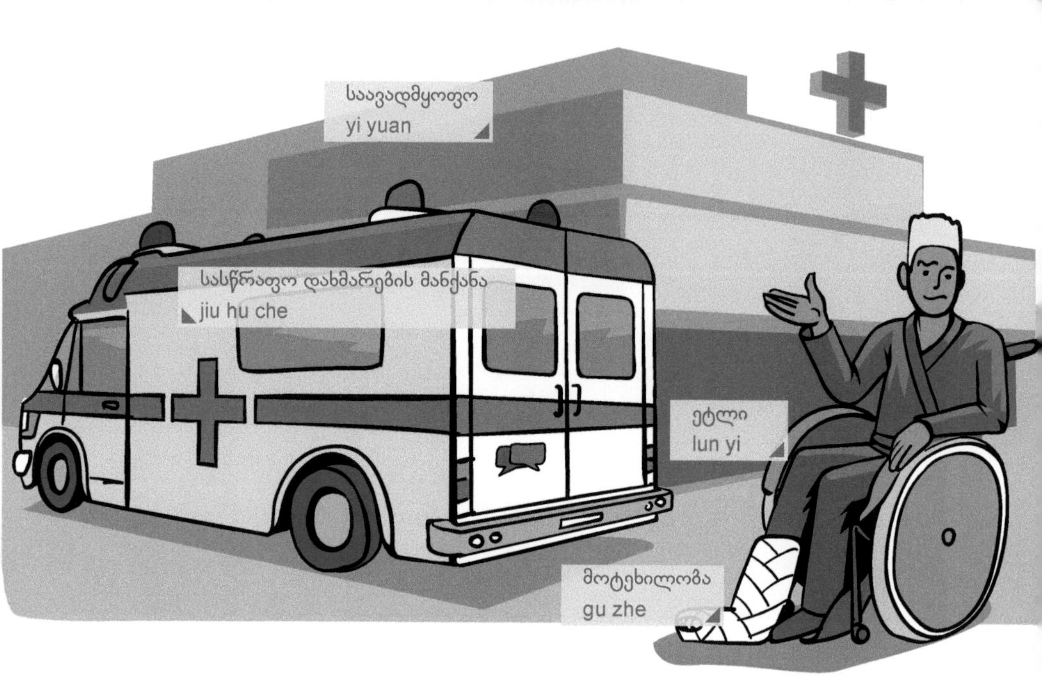

საავადმყოფო
yi yuan
სასწრაფო დახმარების მანქანა
jiu hu che
ეტლი
lun yi
მოტეხილობა
gu zhe

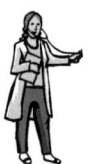

ექიმი

yi sheng

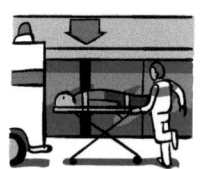

პირველი დახმარების ოთახი

ji zhen shi

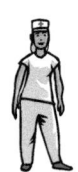

მედდა

hu shi

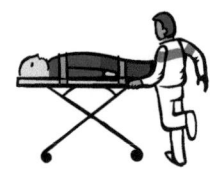

გადაუდებელი შემთხვევა

jin ji qing kuang

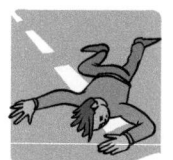

უგონოდ მყოფი

hun mi

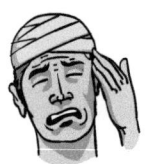

ტკივილი

tong

დაზიანება

shou shang

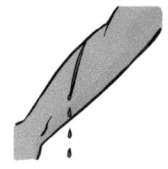

სისხლდენა

chu xue

გულის შეტევა

xin zang bing fa zuo

ინსულტი

zhong feng

ალერგია

guo min

ხველა

ke sou

ცხელება

fa shao

გრიპი

liu gan

დიარეა

fu xie

თავის ტკივილი

tou tong

კიბო

ai zheng

დიაბეტი

tang niao bing

ქირურგი

wai ke yi sheng

სკალპელი

shou shu dao

ოპერაცია

shou shu

კტ

CT

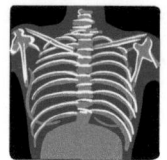

რენტგენი

X guang

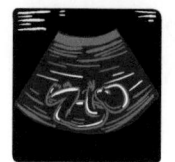

ულტრაბგერა

chao sheng bo

ნიღაბი

kou zhao

დაავადება

ji bing

მოსაცდელი ოთახი

hou zhen shi

ყავარჯენი

guai zhang

თაბაშირი

shi gao

ბინტი

beng dai

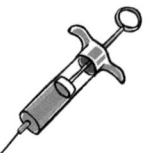

ინექცია

zhu she

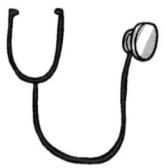

სტეტოსკოპი

ting zhen qi

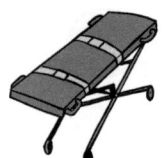

საკაცე

dan jia

თერმომეტრი

ti wen ji

დაბადება

chu sheng

ჭარბი წონა

chao zhong

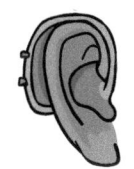

სმენის აპარატი

zhu ting qi

სადეზინფექციო საშუალება

xiao du ye

ინფექცია

gan ran

ვირუსი

bing du

აივ / შიდსი

ai zi bing

წამალი

yao wu

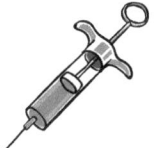

ვაქცინაცია

jie zhong yi miao

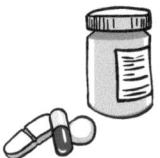

ტაბლეტები

yao pian

აბი

yao wan

გადაუდებელი გამოძახება

ji jiu dian hua

წნევის საზომი აპარატი

xue ya ji

ავადმყოფი / ჯანმრთელი

sheng bing/jian kang

გადაუდებელი შემთხვევა
jin ji qing kuang

დამეხმარეთ!

jiu ming!

განგაში

jing bao

თავდასხმა

tu ji

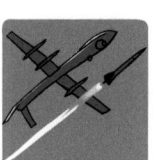

შეტევა

gong ji

საფრთხე

wei xian

სათადარიგო გასასვლელი

jin ji chu kou

ხანძარი!

zhao huo la!

ცეცხლსაქრობი

mie huo qi

უბედური შემთხვევა

yi wai

პირველადი დახმარების ყუთი

ji jiu xiang

SOS

hu jiu xin hao

პოლიცია

jing cha

ევროპა

ou zhou

ჩრდილოეთ ამერიკა

bei mei zhou

სამხრეთ ამერიკა

nan mei zhou

აფრიკა

fei zhou

აზია

ya zhou

ავსტრალია

ao zhou

ატლანტიკა

da xi yang

წყნარი ოკეანე

tai ping yang

ინდოეთის ოკეანე

yin du yang

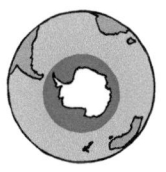

ანტარქტიკის ოკეანე

nan bing yang

ჩრდილოეთის ყინულოვანი ოკეანე

bei bing yang

ჩრდილოეთ პოლუსი

bei ji

სამხრეთ პოლუსი

nan ji

ანტარქტიდა

nan ji zhou

დედამიწა

di qiu

ხმელეთი

lu di

ზღვა

hai

კუნძული

dao

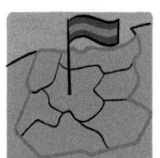

ერი

guo jia

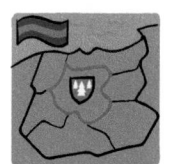

სახელმწიფო

guo jia

საათი

zhong biao

ციფერბლატი

zhong mian

საათების ისარი

shi zhen

წუთების ისარი

fen zhen

წამების ისარი

miao zhen

რომელი საათია?

xian zai ji dian?

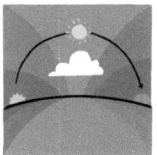

დღე

tian

დრო

shi jian

ახლა

xian zai

ციფრული საათი

dian zi biao

წუთი

fen

საათი

shi

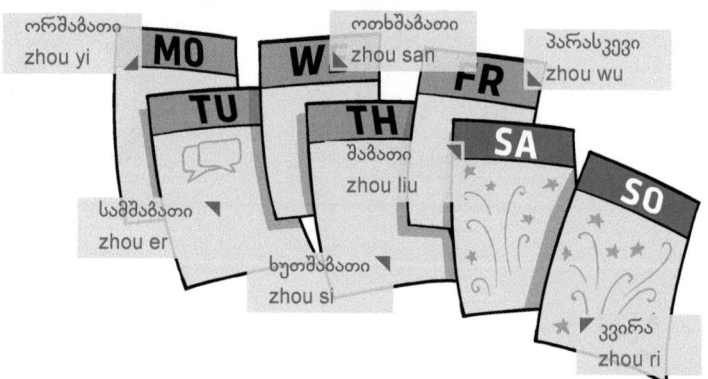

კვირა

zhou

ორშაბათი
zhou yi
MO
ოთხშაბათი
zhou san
W
პარასკევი
zhou wu
FR
TU
TH
შაბათი
zhou liu
SA
სამშაბათი
zhou er
ხუთშაბათი
zhou si
zhou ri

1

გუშინ

zuo tian

2

დღეს

jin tian

3

ხვალ

ming tian

დილა

zao chen

შუადღე

zhong wu

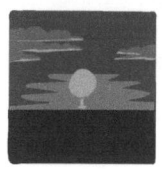

საღამო

wan shang

MO TU WE TH FR SA SU
1 2 3 4 5 6 7
8 9 10 11 12 13 14
15 16 17 18 19 20 21
22 23 24 25 26 27 28
29 30 31 1 2 3 4

სამუშაო დღეები

gong zuo ri

MO TU WE TH FR SA SU
1 2 3 4 5 6 7
8 9 10 11 12 13 14
15 16 17 18 19 20 21
22 23 24 25 26 27 28
29 30 31 1 2 3 4

შაბათი-კვირა

zhou mo

წელი

nian

წვიმა
yu
ცისარტყელა
cai hong
ქარი
feng
თოვლი
xue
გაზაფხული
chun
ზაფხული
xia
შემოდგომა
qiu
ზამთარი
dong

4.APRIL 11°
5.APRIL 4°
6.APRIL 13°
7.APRIL 8°
8.APRIL 10°

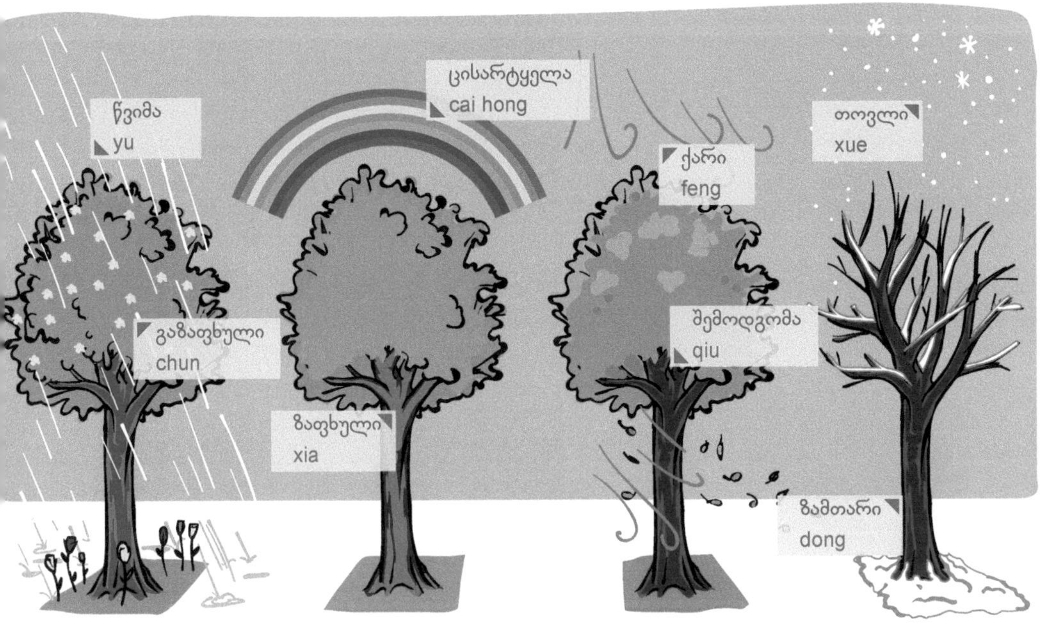

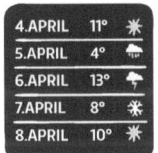

ამინდის პროგნოზი

tian qi yu bao

F
C
120
90
60
30
0
-30
40
30
20
10
0
-10
-20

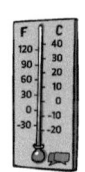

თერმომეტრი

wen du ji

მზის სხივი

yang guang

ღრუბელი

yun

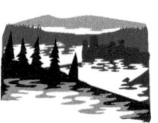

ნისლი

wu

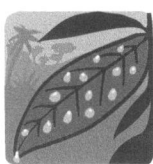

ტენიანობა

chao shi

ელვა
shan dian

ქუხილი
da lei

შტორმი
feng bao

სეტყვა
bing bao

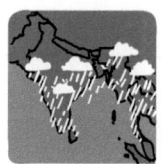

მუსონი
ji feng

წყალდიდობა
hong shui

ყინული
bing

იანვარი
yi yue

თებერვალი
er yue

მარტი
san yue

აპრილი
si yue

მაისი
wu yue

ივნისი
liu yue

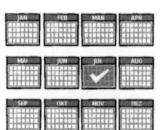

ივლისი
qi yue

აგვისტო
ba yue

წელი - nian

სექტემბერი
jiu yue

ოქტომბერი
shi yue

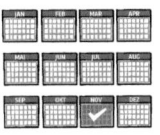

ნოემბერი
shi yi yue

დეკემბერი
shi er yue

ფორმები

xing zhuang

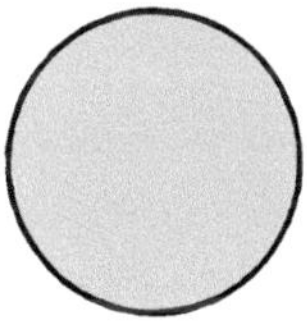

წრე
yuan xing

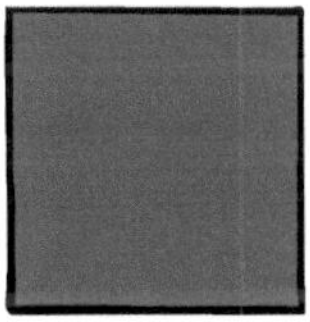

კვადრატი
zheng fang xing

მართკუთხედი
chang fang xing

სამკუთხედი
san jiao xing

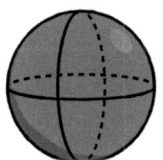

სფერო
qiu ti

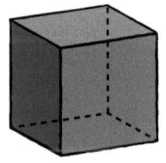

კუბი
li fang ti

ფერები

yan se

თეთრი

bai

ყვითელი

huang

ნარინჯისფერი

cheng

ვარდისფერი

fen

წითელი

hong

იისფერი

zi

ცისფერი

lan

მწვანე

lü

ყავისფერი

zong

ნაცრისფერი

hui

შავი

hei

ბევრი / ცოტა

hen duo/shao xu

გაბრაზებული / მშვიდი

sheng qi/ping jing

ლამაზი / მახინჯი

mei/chou

დასაწყისი / დასასრული

shou/wei

დიდი / პატარა

da/xiao

ნათელი / მუქი

ming/an

ძმა / და

xiong di/jie mei

სუფთა / ჭუჭყიანი

gan jing/ang zang

სრული / არასრული

wan zheng/que shi

დღე / ღამე

bai tian/wan shang

მკვდარი / ცოცხალი

si/sheng

განიერი / ვიწრო

kuan/zhai

საჭმელად ვარგისი / საჭმელად უვარგისი

ke shi yong/fei shi yong

ბოროტი / კეთილი

xie e/shan liang

შთამბეჭდავი / მოსაწყენი

xing fen/wu liao

სქელი / თხელი

pang/shou

პირველი / ბოლო

di yi/zui hou

მეგობარი / მტერი

peng you/di ren

სრული / ცარიელი

man/kong

მყარი / რბილი

ying/ruan

მძიმე / მსუბუქი

zhong/qing

მოშიებული / მწყურვალე

e/ke

ავადმყოფი / ჯანმრთელი

sheng bing/jian kang

არალეგალური / ლეგალური

fei fa/he fa

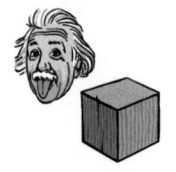

ინტელექტუალი / სულელი

cong ming/yu ben

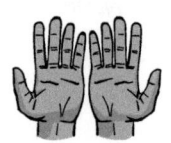

მარცხენა / მარჯვენა

zuo/you

ახლოს / შორს

jin/yuan

ახალი / გამოყენებული
xin/jiu

არაფერი / რაღაცა
mei you/you xie

მოხუცი / ახალგაზრდა
lao/you

ჩართვა / გამორთვა
kai/guan

ღია / დახურული
da kai/he shang

ჩუმი / ხმამაღალი
an jing/chao nao

მდიდარი / ღარიბი
fu/qiong

მართალი / მტყვანი
dui/cuo

უხეში / გლუვი
cu cao/guang hua

სევდიანი / ბედნიერი
shang xin/gao xing

მოკლე / გრძელი
duan/chang

ნელი / სწრაფი
man/kuai

სველი / მშრალი
shi/gan

თბილი / გრილი
wen nuan/liang shuang

ომი / მშვიდობა
zhan zheng/he ping

რიცხვები

shu zi

0

ნული

ling

1

ერთი

yi

2

ორი

er

3

სამი

san

4

ოთხი

si

5

ხუთი

wu

6

ექვსი

liu

7

შვიდი

qi

8

რვა

ba

9

ცხრა

jiu

10

ათი

shi

11

თერთმეტი

shi yi

12
თორმეტი
shi er

13
ცამეტი
shi san

14
თოთხმეტი
shi si

15
თხუთმეტი
shi wu

16
თექვსმეტი
shi liu

17
ჩვიდმეტი
shi qi

18
თვრამეტი
shi ba

19
ცხრამეტი
shi jiu

20
ოცი
er shi

100
ასი
bai

1.000
ათასი
qian

1.000.000
მილიონი
bai wan

ენები

yu yan

ინგლისური

ying yu

ამერიკული ინგლისური

mei shi ying yu

ჩინური მანდარინი

pu tong hua

ჰინდი

yin di yu

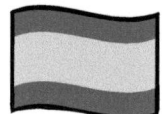

ესპანური

xi ban ya yu

ფრანგული

fa yu

არაბული

a la bo yu

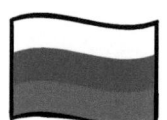

რუსული

e yu

პორტუგალიური

pu tao ya yu

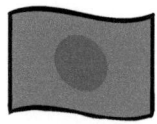

ბენგალური

feng jia la yu

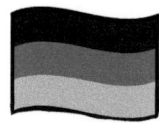

გერმანული

de yu

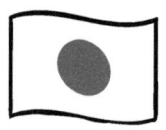

იაპონური

ri yu

ვინ / რა / როგორ

shei / shen me / zen yang

მე

wo

შენ

ni

ის / ის / იგი

ta/ta/ta

ჩვენ

wo men

თქვენ

ni men

ისინი

ta men

ვინ?

shei?

რა?

shen me?

როგორ?

zen yang?

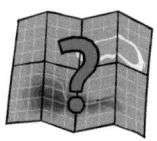

სად?

na li?

როდის?

shen me shi hou?

სახელი

ming zi

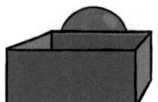

სად

fang wei

უკან

hou mian

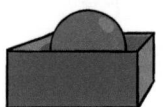

შიგნით

li mian

წინ

qian mian

ზედ

shang fang

=-ზე

shang mian

ქვეშ

xia mian

გვერდით

pang bian

შორის

zhong jian

ადგილი

di dian